Commentaire

Par Syrine Snoussi

De l'âme

La définition de la vie

Aristote

lePetitPhilosophe.fr

ARISTOTE

- **Né en 384 av. J.-C. à Stagire (Macédoine)**
- **Décédé en 322 av. J.-C. à Chalcis**
- **Quelques-unes de ses œuvres :**
  - *Éthique à Nicomaque*
  - *Métaphysique*
  - *Physique*

Aristote est un philosophe grec issu d'une lignée de médecins. Après avoir étudié la philosophie à l'Académie de Platon jusqu'à la mort de ce dernier, il devient le **précepteur du futur Alexandre le Grand**. En 336 av. J.-C., Aristote fonde à Athènes sa propre école de philosophie**, le Lycée**, où il se consacre à la recherche et à l'enseignement de ses thèses.

Aristote a exploré de nombreux domaines : il a produit des œuvres de **logique** qui portent sur la manière d'élaborer un discours vrai ou probable (*Premiers Analytiques*, *De l'interprétation*, etc.), il a traité des **sciences** qui permettent un accès à la vérité (*Métaphysique*, *Physique*, etc.) et, enfin, il s'est intéressé à l'**éthique** et à la **politique** (*Éthique à Nicomaque*, *Les Politiques*, etc.). Toute son œuvre est traversée par cette question fondamentale : **« Qu'est-ce qui est véritablement ? »** En cela, il apparait comme le **fondateur de la métaphysique**, la science de l'être.

DE L'ÂME

UN TRAITÉ D'HISTOIRE NATURELLE

De l'âme est **une œuvre fondamentale** d'Aristote pour plusieurs raisons : le philosophe y donne une **définition de la vie**, dégage les principes du vivant et propose une explication du **rapport entre l'âme et le corps**.

Aux yeux d'Aristote, **l'étude de l'âme relève du travail du physicien**, car celui-ci étudie la *phusis*, c'est-à-dire la nature. La nature, pour les Grecs, est le lieu du changement : les êtres naturels sont des êtres mobiles. Or il semble, dans le cas des êtres animés, que leur mouvement soit dû à l'âme. Dans *De l'âme*, le philosophe se livre donc à une enquête sur l'âme, dans le but de **déterminer ce qu'est l'âme et quelles sont ses fonctions**. Ainsi, si *De l'âme* fait partie des œuvres de physique d'Aristote, ce traité constitue plus précisément une introduction à la psychologie, discipline physique consacrée à l'étude de l'âme ou *psuchè*.

MISE EN CONTEXTE

LA NATURE OU LE LIEU DU MOUVEMENT

Selon une méthode courante chez Aristote, l'étude de l'âme débute par l'**examen critique des doctrines de ses prédécesseurs** pour y déceler les erreurs. Cela permet aussi au philosophe de préciser les enjeux de sa propre recherche. Il procède ensuite à une **analyse détaillée de la nature de l'âme**, qui montre son unicité par-delà ses diverses fonctions.

Pour Aristote, la nature est le principe (le point de départ) du mouvement : c'est la nature qui met en mouvement les êtres naturels. C'est aussi à leur mouvement que l'on reconnait **les êtres naturels ou physiques** (soit ceux qui ont pour cause la nature) :

- **soit ils se meuvent par eux-mêmes**, comme c'est le cas des êtres naturels animés, par exemple les animaux ;
- **soit ils subissent le mouvement de la nature**, comme c'est le cas des êtres naturels inanimés, par exemple les pierres.

LA QUESTION DE L'ÂME

En ce qui concerne plus spécifiquement **les êtres naturels animés**, il semble que l'âme soit la cause de leur mouvement interne : ils ont **une âme qui les anime**, c'est-à-dire qui constitue le moteur de leur animation – l'animation désigne ici le fait qu'ils se meuvent par eux-mêmes. Il s'agit dès lors pour Aristote de **découvrir ce qui permet à l'âme d'être l'origine et la cause du mouvement et du changement interne des êtres physiques animés**.

Les questions qu'il se pose sont les suivantes : l'âme est-elle matérielle ou immatérielle ? Si elle est matérielle, est-elle faite d'atomes ? Est-ce un souffle chaud ? Est-ce le sang ? La question du mouvement se pose aussi : est-elle en mouvement ou est-elle immobile ?

Aristote en vient à proposer une **définition provisoire de l'âme** : elle est **« la réalisation première du corps organisé »**. Le corps est un ensemble organisé d'organes, c'est-à-dire un organisme, un système autonome dont les organes sont interdépendants et qui est animé par l'âme : par conséquent, **le corps réalise toutes ses aptitudes grâce à l'âme**. En d'autres termes, toutes les aptitudes du corps n'existent qu'en puissance tant qu'elles ne sont pas actualisées par l'âme. Mais cette description de l'âme est encore trop imprécise pour Aristote : il lui faut donc repartir des faits. Tel est précisément le moment où commence le texte que nous allons étudier ici.

DE LA POSSIBILITÉ D'UNE SCIENCE DE LA NATURE

De manière plus générale, un des problèmes fondamentaux qu'Aristote tente de résoudre dans *De l'âme* est celui de la possibilité d'avoir une connaissance de la nature. **Puisque l'âme semble être le principe des êtres naturels animés, connaitre l'âme permettrait de faire progresser la science**

de la nature (la physique).

Développer une science de la nature dépend toutefois de la manière de concevoir la nature. À ce propos, **tous les penseurs ne sont pas du même avis qu'Aristote**, pour qui la nature est le lieu du mouvement. Les théories antiques divergent :

- certains penseurs, les disciples de Parménide d'Élée (vers 515-440 av. J.-C.), **les Éléates, nient l'existence du mouvement** : pour eux, il ne peut donc y avoir une étude de ce qui est en mouvement ni à fortiori d'étude du vivant.
- d'autres considèrent que **tout est composé d'un des quatre éléments premiers** : l'eau, l'air, la terre et le feu ;
- enfin, d'autres encore, comme **Platon** (vers 427-347 av. J.-C.), semblent **n'accorder aux phénomènes naturels** et au monde sensible **qu'un statut de réalités secondaires**. Ainsi, les objets matériels n'existent pas à part entière, mais participent de réalités idéales qui sont seules vraies.

Aristote, en définissant la nature comme le principe du mouvement des êtres naturels, lui redonne le statut d'un objet digne d'étude. La nature telle qu'il l'entend correspond à ce que nous entendons encore nous-mêmes par « nature » : l'ensemble des règnes (minéral, végétal et animal) qui forment un tout soumis à des lois identiques. C'est donc à Aristote que revient le mérite d'avoir ménagé la possibilité d'une science de la nature, c'est-à-dire d'une connaissance vraie du monde dans lequel nous vivons.

Si ce que nous appelons « nature » correspond à la nature d'Aristote, la physique aristotélicienne diverge toutefois radicalement de la nôtre. Pour Aristote, l'univers se divise en deux parties :

- une partie céleste comprenant les astres et se trouvant au-dessus du cercle décrit par la Lune, règne de l'éternité ;
- une partie terrestre sous la sphère de la Lune, soumise au temps et au changement.

La physique moderne rompt définitivement avec cet héritage lorsque les physiciens soumettent tout l'univers aux mêmes lois.

TEXTE

LA DÉFINITION DE LA VIE

Nous posons donc, comme point de départ de notre enquête, que l'animé diffère de l'inanimé par la vie. Or le terme « vie » reçoit plusieurs acceptions, et il suffit qu'une seule d'entre elles se trouve réalisée dans un sujet pour que nous disions qu'il vit : que ce soit, par exemple, l'intellect, la sensation, le mouvement et le repos selon le lieu, ou encore le mouvement de nutrition, le décroissement et l'accroissement. – C'est aussi pourquoi tous les végétaux semblent bien avoir la vie, car il apparaît, en fait, qu'ils ont en eux-mêmes une faculté et un principe tel que, grâce à lui, ils reçoivent accroissement et décroissement selon des directions locales contraires. En effet, ce n'est pas seulement vers le haut qu'ils s'accroissent, à l'exclusion du bas, mais c'est pareillement dans ces deux directions ; ils se développent ainsi progressivement de tous côtés et continuent à vivre aussi longtemps qu'ils sont capables d'absorber de la nourriture. – Cette faculté peut être séparée des autres, bien que les autres ne puissent l'être d'elle, chez les êtres mortels du moins. Le fait est manifeste dans les végétaux, car aucune des autres facultés de l'âme ne leur appartient.

C'est donc en vertu de ce principe que tous les êtres vivants possèdent la vie. Quant à l'animal, c'est la sensation qui est à la base de son organisation : même, en effet, les êtres qui ne se meuvent pas et qui ne se déplacent pas, du moment qu'ils possèdent la sensation, nous les appelons des animaux et non plus seulement des vivants. – Maintenant, parmi les différentes sensations, il en est une qui appartient primordialement à tous les animaux : c'est le toucher. Et de même que la faculté nutritive peut être séparée du toucher et de toute sensation, ainsi le toucher peut l'être lui-même des autres sens. (Par faculté nutritive, nous entendons cette partie de l'âme que les végétaux eux-mêmes ont en partage ; les animaux, eux, possèdent manifestement tous, le sens du toucher).

ARISTOTE, *De l'âme*, traduction de Jules Tricot, Paris, Vrin, 1988, p. 73-75.

EXPLICATION ET ANALYSE DU TEXTE

LE VIVANT OU LA CAPACITÉ À CHANGER

Aristote part d'un constat : « L'animé se distingue de l'inanimé. » Plus précisément :

- **l'animé a une âme et est vivant ;**
- **l'inanimé n'a pas d'âme et n'est pas vivant.**

On en déduit logiquement que l'âme est liée à la vie. Il faut donc comprendre ce qu'est la vie pour comprendre ce qu'est l'âme. Or si tout le monde voit bien ce qui est vivant, il reste que définir la vie fait difficulté.

« Animé » signifie « doué d'un mouvement propre », mouvement initié par l'âme. En effet, la capacité à se mouvoir par soi-même caractérise le vivant. Mais le mouvement en question ne désigne pas nécessairement le déplacement : tout ce qui est vivant ne se déplace pas nécessairement. Ici, le mouvement renvoie plutôt au changement en général : **le vivant se définit par sa capacité à changer par lui-même**.

LES DIVERSES ACCEPTIONS DE LA VIE

Aristote précise alors **ce qu'on entend d'ordinaire par « vie »** :

- **« l'intellect »**, ou l'intelligence, désigne la faculté de raisonner, propre aux humains ;
- **« la sensation »**, ou faculté de sentir, désigne la faculté

de recevoir des données sensibles au moyen des sens et
d'en être affecté ;

- **« le mouvement et le repos selon le lieu »** désignent
la faculté de se déplacer dans l'espace et d'arrêter ce
déplacement ;
- **« le mouvement lié à la nutrition »** désigne l'accroissement et le décroissement. La nutrition entraine la
croissance de l'organisme vivant, mais, arrivé au terme de
sa vie, celui-ci décroit et dépérit. En effet, sa capacité à
faire un usage efficace de son alimentation diminue peu
à peu : l'alimentation n'est plus aussi efficace à maintenir
en vie lorsque le vivant atteint sa phase de décroissance
préalable à la mort.

Toutes **ces facultés vitales constituent des changements** :
les pensées s'enchainent, s'associent, se modifient ; les sensations se succèdent et varient ; le déplacement implique un
changement de lieu ; la nutrition suit un cycle et engendre
une croissance et une décroissance du vivant.

Le changement tel qu'Aristote le définit dans la *Physique*
(livre 5, chapitre 1, 225a1-225b10) désigne :

- la génération et la corruption. La génération signifie
l'apparition ou la création d'un nouvel être qui passe
de ce fait du non-être à l'être, tandis que la corruption
désigne la destruction d'un être qui passe ainsi de l'être
au non-être ;
- l'augmentation et la diminution. Il s'agit du changement
de quantité qui peut affecter une chose ;
- l'altération. Elle désigne le changement de qualité d'une
chose, c'est-à-dire de sa manière d'être : le fait de rougir,

la fonte de la neige, etc. ;
- le transport local. Il s'agit du changement de lieu.

Ces changements se retrouvent dans les différents sens du terme vie.

LES FACULTÉS VITALES

Selon les vivants, telle ou telle faculté caractérise leur animation :

- c'est l'intelligence qui fait Socrate ;
- Un chat se caractérise par la sensation et la mobilité ;
- la croissance et le dépérissement caractérisent mon ficus.

Toutes ces facultés sont des facultés de l'âme. Elles sont énoncées par Aristote de manière croissante, de la moins fréquente à la plus fréquente : les vivants intelligents sont en moins grand nombre que les vivants qui se caractérisent par la nutrition. Mais Aristote affirme qu'**une seule de ces facultés réalisée dans un organisme suffit à le qualifier de vivant**. Un être intelligent est vivant, un être doué de sens est vivant et un être qui croît est vivant. Que cette faculté doive être réalisée signifie qu'elle doit être accomplie et effective dans le sujet observé. Par exemple, un homme mort, en tant qu'homme, a la raison en puissance, mais il n'est pas vivant : la raison n'est pas active et effective en lui. Elle n'est plus réalisée.

Mais si une seule faculté suffit à qualifier un être de vivant, est-il possible que ce soit n'importe laquelle *à l'exclusion* de toute autre ? Le chat n'a-t-il que la mobilité à l'exclusion de la pensée, de la sensation, de la nutrition ? Vraisemblablement non : il n'est pas seulement doué de mobilité, mais il n'a pas non plus la raison.

La fondamentale faculté nutritive

Une seule faculté parmi l'intelligence, la sensation, la mobilité et la nutrition suffit à dire d'un sujet, lorsqu'elle se trouve réalisée en lui, qu'il est vivant. **L'exemple des végétaux prouve la validité de la thèse d'Aristote**. En effet, les plantes n'ont pas de sensation, ne se déplacent pas et ne sont pas douées d'intelligence, mais elles **croissent et périssent**. Autrement dit, les plantes sont en vie uniquement parce qu'on constate qu'elles meurent, lorsqu'on oublie de les arroser par exemple. C'est un fait observable. Cette croissance et cette décroissance constituent un mouvement, donc un changement, et sont par conséquent la preuve de la vie.

Précisons que **ce mouvement d'accroissement et de décroissement ne consiste pas en une simple augmentation et diminution**. Il ne s'agit pas seulement d'un changement de quantité. Les plantes croissent et décroissent « selon des directions locales contraires ». Aristote précise immédiatement ce qu'il entend par-là : les végétaux ne croissent pas seulement vers le haut, mais aussi vers le bas et même « de tous côtés ». Pourquoi cette insistance sur la croissance « en sens contraires » ? Pour comprendre, il faut imaginer l'accroissement du non-vivant. Par exemple, comment se constitue un tas de graviers ? Il se forme par accumulation de graviers les uns sur les autres. Le tas de graviers croît vers le haut et non vers le bas. Le gravier solitaire ne grossit pas non plus de l'adjonction d'autres graviers. Ainsi, le tas de graviers est un entassement d'éléments « dans le même sens », tandis que la plante est un vivant en croissance « en tous sens ». Ce mouvement de croissance et de décroissance « en sens contraires » est donc une caractéristique du vivant. Ce mouvement manifeste dans les végétaux concerne en fait l'ensemble du vivant.

Si les végétaux sont capables de croitre et de décroitre, cela signifie qu'ils sont **dotés d'une puissance qui permet ce mouvement**. En effet, tout mouvement est initié par un principe. Aristote définit le principe comme « le premier point à partir duquel il y a existence ou venue à l'être » (*Métaphysique*, 1013 a17-18). La plante a donc en elle un principe qui est à l'origine du mouvement de croissance et décroissance qui l'anime, et ce principe n'est bien entendu rien d'autre que **l'âme**. Aristote, en attribuant aux végétaux une âme, va à l'encontre de la position de plusieurs de ses prédécesseurs, mais aussi de ses successeurs. Cependant, rappelons-le, pour le philosophe, l'âme n'est pas un principe psychique ou spirituel : l'âme est un principe d'animation, ce qui signifie qu'elle est la vie elle-même.

La hiérarchisation des facultés vitales

Selon Aristote, **il suffit que la seule faculté nutritive appartienne à un être pour qu'il soit vivant**. En d'autres termes, les êtres vivants possèdent tous au moins la faculté nutritive. Mais certains êtres ont en outre d'autres facultés vitales.

Les facultés de nutrition, de mobilité, de sensation et d'intelligence sont hiérarchisées, et **les facultés supérieures impliquent nécessairement les facultés inférieures**. Par exemple la faculté rationnelle chez les hommes implique le mouvement, la sensation et la nutrition. En somme, une faculté supérieure ne va pas sans la ou les faculté(s) inférieure(s).

Aristote précise que cela vaut au moins pour les êtres vivants mortels. Cela signifie-t-il qu'il admet l'existence d'êtres vivants non mortels ? Du point de vue de la religion grecque, oui : les dieux grecs qu'évoque la mythologie sont en effet des vivants immortels. Aristote considère également que les astres sont des divinités vivantes immortelles (*Météorologiques*, II, 2, 354b33). Puisque ces êtres sont non mortels, cela signifie qu'ils ne sont pas soumis à la croissance et à la décroissance : ils n'ont pas nécessairement une faculté nutritive, contrairement aux vivants mortels.

La sensation, caractéristique fondamentale de l'animalité

Tous les êtres vivants mortels possèdent la vie grâce au principe de nutrition. Mais **qu'est-ce qui distingue les autres êtres vivants des végétaux ?**

On pourrait croire que c'est la faculté de se déplacer localement qui distingue les animaux des végétaux. Les plantes ne se déplaçant pas, contrairement aux animaux, on pourrait prendre cette caractéristique des animaux pour leur caractéristique essentielle (celle qui les définit et qui appartient à tous les individus de la catégorie animale). Mais **il existe des animaux qui ne se déplacent pas**, comme certains animaux qui peuplent les fonds marins. Par exemple, le corail est un animal qui ne se déplace pas, mais qui demeure fixé à une roche et se développe.

Qu'est-ce qui caractérise alors l'animalité ? **C'est la capacité à sentir qui définit en réalité l'animal**. Les animaux sont des vivants doués de sensations. Aristote définit la sensation comme le fait de recevoir un mouvement et d'en être affecté : une sensation est donc une affection et un ébranlement, plus précisément une altération, c'est-à-dire une modification de la qualité du sens en question. Par exemple, lorsqu'on sent un objet rugueux, l'état initial du sens du toucher est modifié par la rencontre de l'objet tactile rugueux, ce qui fait sentir la rugosité de l'objet. Il en va de même pour chaque sens.

Si l'animal possède la faculté de recevoir des modifications et des altérations sensibles, on en conclut que **tout vivant qui a des sensations est un animal**. L'homme en est aussi un, même si ce n'est pas ce qui le définit en soi : en effet, la sensation n'est pas sa caractéristique essentielle, car elle ne caractérise pas seulement les hommes.

Le toucher ou sens minimal

Par ailleurs, Aristote explique que **tous les animaux n'ont pas nécessairement cinq sens** :

- seuls les animaux « supérieurs » les possèdent tous : il s'agit des mammifères ;
- les autres animaux sont dits « inférieurs » du fait même qu'un ou plusieurs sens leur font défaut. Aristote remarque même que certains animaux n'ont qu'un seul

sens : le toucher. Il donne l'exemple du ver de terre qui est incapable de voir, d'entendre ou de sentir, mais qui peut ressentir par le toucher. Le philosophe en déduit que **le sens minimal est le toucher**.

En outre, le toucher est **le seul sens qui ne sent son objet que lors du contact direct**. Il est dès lors également **le sens qui se trompe le moins**. C'est lui qui permet de sentir le plaisir et la souffrance et, en ce sens, avertit du danger.

Aristote conclut sa définition de la vie en établissant un **parallèle entre la faculté nutritive et le sens du toucher** :

- la faculté nutritive est séparable de toute sensation, c'est-à-dire qu'elle peut apparaitre seule, comme c'est le cas chez les végétaux. C'est la conséquence du précédent constat : la faculté nutritive est la faculté minimale qui définit tout vivant ;
- de même, le sens du toucher est séparable de tous les autres sens, c'est-à-dire qu'il peut apparaitre seul, comme c'est le cas chez certains animaux comme le ver de terre. Il est le sens minimal qui caractérise l'animal. Ainsi, il peut être séparé des autres sens dans le cas des animaux inférieurs, mais les animaux supérieurs ne peuvent pas être dépourvus du toucher, même s'ils possèdent la vue ou l'ouïe. En somme, aucun animal n'est dépourvu du toucher.

Le sens de ce rapprochement entre la faculté nutritive et le sens du toucher n'est pas le fruit du hasard. **Le toucher est le sens de l'alimentation** selon Aristote, car il permet de saisir le chaud et le froid, le sec et l'humide, qui caractérisent d'après lui toute nourriture. **C'est pourquoi il est le sens minimal requis pour un animal.**

CONCLUSION

Parmi les multiples significations du mot « vie » appliqué aux êtres animés, le mouvement de croissance et de décroissance engendré par la capacité de nutrition désigne le sens fondamental de la vie. **La faculté nutritive de l'âme est le principe de tout vivant**. Mais certains vivants possèdent en outre d'autres facultés vitales.

La définition du vivant proposée par Aristote a le mérite de lier les facultés de l'âme au corps, qu'il soit végétal ou animal. Elle exclut à la fois de considérer l'âme comme quelque chose d'uniquement corporel, mais aussi comme quelque chose d'uniquement spirituel. **L'âme est inséparable du corps qu'elle anime** puisqu'elle consiste au moins en une faculté de nutrition. Aristote s'efforce de rendre compte de l'ensemble du règne vivant par un principe unique : l'âme.

Cette conception du vivant a nourri de nombreuses interprétations et controverses à travers l'histoire et elle alimente encore aujourd'hui la réflexion philosophique sur les rapports entre le corps et l'âme, ainsi que la réflexion sur le corps en psychologie.

Votre avis nous intéresse !
Laissez un commentaire sur le site de votre librairie en ligne
et partagez vos coups de cœur sur les réseaux sociaux !

POUR ALLER PLUS LOIN

- ARISTOTE, *De l'âme*, traduction de Jules Tricot, Paris, Vrin, 1988.
- BODÉÜS (Richard), « Présentation », in ARISTOTE, *De l'âme*, traduction de Richard Bodeüs, Paris, GF-Flammarion, 1993, p. 1-68.
- MOREL (Pierre Marie), *Aristote*, Paris, GF-Flammarion, 2003.

Rendez-vous sur lepetitphilosophe.fr et découvrez :

Plus de 1200 analyses
Claires et synthétiques
Téléchargeables en 30 secondes
À imprimer chez soi

L'éditeur veille à la fiabilité des informations publiées, lesquelles ne pourraient toutefois engager sa responsabilité.

www.lepetitphilosophe.fr

ISBN version numérique : 978-2-8062-4576-2
ISBN version papier : 978-2-8080-0154-0
Dépôt légal : D/2017/12603/538

Conception numérique : Primento,
le partenaire numérique des éditeurs.

Made in the USA
Monee, IL
07 July 2026

56544684R00015